AF494568

ARIANE
ET
BACHUS,
TRAGEDIE.

REPRESENTE'E
PAR L'ACADEMIE ROYALLE
DE MUSIQUE.

On la vend,
A PARIS,
A l'Entrée de la Porte de l'Academie Royalle de Musique, au Palais Royal, ruë Saint Honoré.
Imprimée aux dépens de ladite Academie.
Par CHRISTOPHE BALLARD, seul Imprimeur du Roy pour la Musique.

M. DC. XCVI.
AVEC PRIVILEGE DE SA MAIESTE'.

ACTEURS DU PROLOGUE.

PAN *Dieu des Bergers.*

TERPSICORE *Muse des Spectacles.*

LA NYMPHE DE LA SEINE.

LA GLOIRE.

Suite de la Gloire.

LES JEUX, LES RIS ET LES PLAISIRS.

Troupe de Divinitez de Fleuves, de Ruisseaux, de Fontaines, dançants & dançantes, chantants & chantantes.

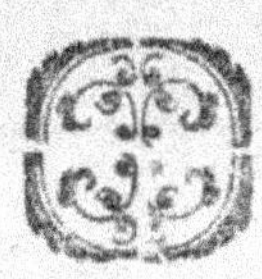

PROLOGUE.

Le Theatre repreſente la Ville de Paris dans un de ſes plus beaux points de veüe.

SCENE PREMIERE.

PAN, TERPSICORE, LA NYMPHE DE LA SEINE, LES RIS, LES JEUX, ET LES PLAISIRS.

Troupe de Divinitez, de Fleuves, de Ruiſſeaux, & de Fontaines.

CHOEUR.

Banniſſons à jamais la crainte & les allarmes,
Goûtons un calme heureux au gré de nos deſirs ;
Lorſque nos ennemis veulent prendre les armes,
Ils ne peuvent troubler nos innocents plaiſirs.

LA NYMPHE DE LA SEINE.

Les fureurs de la Guerre
Ne peuvent penetrer dans cet azile heureux:
Mars, loin de nous fait gronder son Tonnerre,
Et laisse icy regner les Amours & les Jeux.

Un Suivant de la Nymphe.

Sous cet heureux empire,
Dans ce charmant sejour,
Si quelqu'un d'entre nous soupire,
Il ne soupire que d'amour.

UN PLAISIR.

Beautez, qui possedez de si charmants appas,
Gardez-vous bien d'estre cruelles:
Le plus grand crime d'icy bas,
C'est d'estre belles,
Et n'en profiter pas.

PAN.

Preparons des Festes nouvelles,
Pour le plus juste & le plus grand des Roys;
Il veut bien encor quelque fois
Aprés avoir cueilli des palmes immortelles;
Se délasser aux accens de nos voix.

TERPSICORE.

De Bachus retraçons l'histoire,
Qu'un spectacle éclatant icy l'offre à nos yeux ;
Et que nos chants portez jusques aux Cieux,
D'Ariane à jamais conservent la memoire.

On entend un bruit de Tymballes & de Trompettes.

PAN.

Quel bruit se répand dans les airs ?
Les Tymballes & les Trompettes
Font retentir nos paisibles retraites ;
Ah ! je connois la Gloire à ces bruyants concerts.

SCENE SECONDE.

LA GLOIRE, sa Suitte, & tous les Acteurs de la Scene precedente.

LA GLOIRE.

J'Aime vos soins, j'aprouve vostre zele ;
Je viens seconder vos transports :
Et mêler l'ardeur la plus belle
A vos charmants accords.

LA NYMPHE.

Superbe Gloire,
Que vostre sort est doux!
Nostre auguste Heros n'a des yeux que pour vous;
Vous le faites voler de victoire en victoire:
Par vous il a vaincu mille Peuples jaloux.
Superbe Gloire,
Que vostre sort est doux!

LA GLOIRE.

Il est vray qu'il m'ayma dés sa plus tendre enfance,
Que toujours je le sceus charmer:
Une juste reconnoissance
Fait que je l'aime autant qu'il peut m'aimer.

LA NYMPHE.

Mais n'aura-t'il que de l'indifference
Pour les plaisirs si cheris des humains;
Formeront-ils sur luy d'inutiles desseins?
Le repos. . . .

LA GLOIRE.

Finissez un discours qui l'offence,
Le repos aux mortels, si doux, si plein d'attraits,
Ne s'accorda jamais
Avec son extrême prudence;
Il le sçait seulement donner à ses Sujets.

LA GLOIRE, LA NYMPHE & PAN.

Puissent les destinées,
Au gré de nos souhaits,
Prolonger ses années,
Tous nos vœux seront satisfaits.

CHOEUR.

Puissent les destinées,
Au gré de nos souhaits,
Prolonger ses années :
Tous nos vœux seront satisfaits.

FIN DU PROLOGUE.

ACTEURS
DE LA TRAGEDIE.

BACHUS.
ÆNARUS *Roy de Naxe.*
DIRCE'E *Sœur d'Ænarus, promise à Adraste.*
ELISE *Confidente de Dircée.*
ADRASTE *Prince d'Ithaque, promis à Dircée.*
ARIANE *Fille de Minos Roy de Créte.*
CORCINE *Confidente d'Ariane.*
LYCAS *Confident de Bachus.*
GERALDE *Magicien confident d'Adraste.*
JUPITER.
JUNON.
MERCURE.
IRIS.
LAMOUR.
Troupe de Demons.
Troupe de Suivants du Roy.
Troupe de Suivants de Bachus.
Troupe de Matelots.
UN SACRIFICATEUR.
Troupe de Suivantes du Sacrificateur.
ALECTON.

La Scene est dans l'Isle de Naxe.

ARIANE ET BACHUS,

TRAGEDIE.

ACTE PREMIER.

Le Theatre represente une Grotte, terminée par une Mer à perte de veüe.

SCENE PREMIERE.

ARIANE, CORCINE.

ARIANE.

C'EST en vain que de toutes parts
Je porte incessamment mes languissants regards;
Je ne vois point l'ingrat qui sceut charmer mon ame:
L'infidelle au mépris d'une si belle flâme,
M'abandonne aujourd'huy dans ce triste sejour.
Dieux! qui voyez l'excés de ma tendresse,
Soyez touchez de l'ennuy qui me presse,
Rendez-moy mon amant ou m'ostez mon amour.

Reviens trop volage Thesée,
Qu'un juste repentir de m'avoir offensée
Te rameine animé d'une plus vive ardeur :
Reviens, & j'oubliray jusques à ma douleur ;
J'oubliray mesme, ingrat, que tu m'as outragée.
Mais, barbare, tu fuis en ce fatal moment,
Sans penser aux transports d'une amante affligée.
Dieu des Eaux, vangez-moy de ce perfide amant,
Qu'il perisse... Mais non, loin d'estre soulagée,
Son trepas ne feroit qu'augmenter mon tourment,
Et j'aime mieux, helas! n'estre jamais vangée.

CORCINE.

Princesse, d'un ingrat perdez le souvenir ;
Laissez à ses remords le soin de le punir.

Lorsqu'un volage
Se dégage ;
Pour se vanger,
Il faut se dégager :
L'éclat que le depit fait faire,
Irrite nos chagrins loin de les soulager ;
Et la perte d'un cœur leger
Doit causer le mépris plûtost que la colere.

ARIANE.

C'est moy qui du perfide ay conservé les jours,
Du vaste labirinthe ignorant les détours

Il y perdoit la vie,
Que ne luy fut-elle ravie?
Il n'eût point allumé de ſi vives amours;
Enfin il ne m'eût point trahie. .

CORCINE.

Un cœur qui commence d'aymer
A ſon amour naiſſant s'abandonne ſans peine;
Sans rien prevoir qui puiſſe l'allarmer,
Il ſuit le penchant qui l'entraîne.

ARIANE & CORCINE.

Heureux qui peut, au gré de ſes deſirs,
Briſer ſes amoureuſes chaînes?
Il n'en reſſent jamais les peines,
Il n'en reſſent que les plaiſirs.

ARIANE.

Je jurerois en vain d'oublier l'infidelle,
Et de triompher de l'amour;
Je ne vois rien, dans ce cruel ſejour,
Qui ne m'en parle, & ne me le rapelle.

Corcine voyez Phedre, allez, & dites luy
Que de ſon amitié je me plains aujourd'huy.

CORCINE.

Princeſſe. . . . .

ARIANE.

Expliquez-vous, vous eſtes interdite.

CORCINE.

Avec l'ingrat Thesee,

ARIANE.

Achevez, je fremis?

CORCINE.

Elle a, cette nuit, pris la suite.

ARIANE.

Les Dieux, les justes Dieux l'auroient-ils bien permis!
Ah! ce coup pour mon cœur est le plus effroyable,
Et du destin impitoyable
Je ressens toute la rigueur;
C'est Phedre, ô Ciel! qui comble mon malheur:
Helas! ma peine est sans égale,
Pour me desesperer tout s'arme contre moy,
En perdant mon amant, j'aprens qu'une rivalle
L'oblige à me manquer de foy:
Ah! quand tu descendrois sur la rive infernalle,
Sœur ingrate, j'iray pour me vanger de toy.

Mais, grace au Ciel.... je sens qu'une heureuse foiblesse
Vient terminer mon triste sort:
Grands Dieux! c'est la fureur plûtôt que la tendresse
Qui m'ouvre, en ce moment, le chemin de la mort.

Elle s'évanoüit.

SCENE SECONDE.

ADRASTE, GERALDE.

ADRASTE voulant suivre Ariane.

ARiane fuit ma presence ;
Mais je veux voir ses pleurs, & que pour ma vengeance.

GERALDE l'empéchant de la suivre.

Non, de grace, n'augmentez pas
La honte que Thesée a faite à ses appas.

ADRASTE.

Est-il bien vray, Geralde, & le pourray-je croire ?
Quoy ? Thesée amoureux, aimé, couvert de gloire,
Auroit abandonné l'objet de ses amours ?

GERALDE.

Des vents empruntant le secours
De Naxe il a, Seigneur, quitté l'heureux rivage.

ADRASTE.

Et la Princesse encore aimeroit ce volage ?

Le depart d'un rival aimé
Flatte agreablement mon ame ;
Sans cesse j'estois allarmé
Des doux regards dont on payoit sa flame ;

L'Amour prend ſoin de me vanger.
L'inhumaine,
Qui prit toujours plaiſir à m'outrager
Eprouvera la meſme peine,
Et le mépris luy fera reſſentir
Les maux qu'elle m'a fait ſouffrir.

GERALDE.

Ses maux pourroient vous ſatisfaire,
Si vous pouviez ceſſer d'aymer;
Mais, tant que ſes appas ſçauront vous enflammer,
Ne contez-point ſur la colere;
Un ſeul de ſes regards ſçaura la deſarmer.

ADRASTE & GERALDE.

Lorſqu'un juſte depit s'empreſſe
A vouloir arracher l'amour de noſtre cœur,
Nous croyons pour un temps qu'il en ſera vainqueur;
Mais à peine voit-on l'objet de ſa tendreſſe,
Que noſtre depit ceſſe,
Et nous en reſſentons une plus vive ardeur.

GERALDE.

Eſperez de vos feux la juſte recompenſe;
Mais, Seigneur, ſi Dircée aprend voſtre incon-ſtance,
Je la vois, c'eſt icy qu'elle porte ſes pas.

ADRASTE.

Ne pouvant de mon cœur luy cacher l'embarras,
Je voudrois éviter. . . .

GERALDE.

Songez qu'elle s'avance.

SCENE TROISIE'ME.

ADRASTE, DIRCE'E, GERALDE, ELISE.

DIRCE'E.

Vous me fuyez, Adraste, ô Ciel quelle froideur!
D'où vient ce changement terrible?
A mon amour, helas! n'estes vous plus sensible?
Pouvez-vous oublier une si belle ardeur?

ADRASTE.

Finissez une injuste plainte,
Vous regnez toûjours dans mon cœur.

DIRCE'E.

Sortez d'une vaine contrainte,
Je ne vois que trop mon malheur.

Qu'espere vostre ame infidelle
En brisant un lien qu'amour avoit formé?
Vous trouverez peut-estre une chaîne plus belle,
Mais vous ne serez pas si tendrement aymé.

ADRASTE.

Ce n'est point une amour nouvelle
Qui cause le trouble où je suis,
Quelques secrets ennuis....

DIRCE'E.

Ingrat, quand vous estiez sensible à ma tendresse,
Vous preniez plaisir à me voir,
Mes regards avoient le pouvoir
De bannir loin de vous la plus sombre tristesse,
Helas! vostre cœur a changé,
Mes yeux n'ont plus le mesme empire.

ADRASTE.

Pour vous seule mon cœur soupire,
L'amour & le devoir m'y tiennent engagé.

DIRCE'E.

Ariane à vos yeux a paru trop charmante.

ADRASTE.

Ariane!

DIRCE'E.

A ce nom, vostre trouble s'augmente.

ADRASTE & DIRCE'E.

ADRASTE { *Vous regnez toujours dans mon cœur.*
DIRCE'E { *Je ne vois que trop mon malheur.*

DIRCE'E.

Le Roy vient, ah perfide! aprés vostre inconstance,
Pourrez-vous, sans rougir, soûtenir sa presence?

SCENE

SCENE QUATRIE'ME.

LE ROY, ADRASTE, GERALDE.

LE ROY.

PRince, ignorez-vous
Ce qui ſait de ma Cour la commune allegreſſe?

ADRASTE.

Hé! quel ſujet, Seigneur, peut bannir la triſteſſe
Que nous laiſſe Theſée en s'éloignant de nous?

LE ROY.

Je reconnois des Dieux la ſageſſe infinie,
Apliquez ſans relâche au repos des humains,
Ils ne laiſſent partir de leurs puiſſantes mains
Que ce qui peut cauſer le bonheur de la vie;
Theſée, à peine abandonne ces bords,
Que pour nous conſoler de cette perte extrême,
Leur bonté ſuprême
Fait venir Bachus dans nos Ports.

ADRASTE.

A vos vertus, Seigneur, on doit cet avantage,
Les Dieux aiment en vous leur plus parfait ouvrage.

LE ROY.

Mercure vient de descendre des Cieux ;
Il m'a dit que bien-tost je verrois en ces lieux
Un Heros qui du Ciel tire son origine,
Un Heros qui dans l'Inde a cent Peuples vaincus,
Et qui brille bien moins par sa race divine,
Que par l'éclat de ses vertus.
Pouvons-nous, à ces traits, méconnoistre Bachus?

Quand le Ciel pour nous s'interesse,
Ne cessons point d'admirer sa bonté ;
Qu'à nos chagrins succede l'allegresse,
Les Dieux nous rendent plus qu'ils ne nous ont ôté.

Offrons au Dieu des flots
Un pompeux Sacrifice ;
Puissent nos chants nous le rendre propice!
Qu'il conduise en ces lieux le plus grand des Heros.

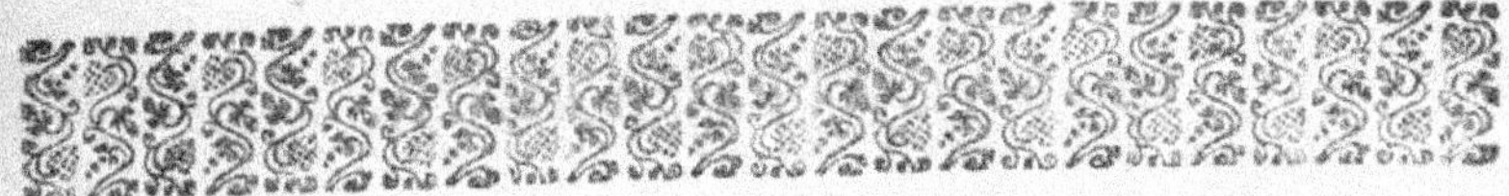

SCENE CINQUIE'ME.

LE ROY, ADRASTE, GERALDE, LE SACRIFICATEUR. Troupe de Suivants du Sacrificateur.

LE SACRIFICATEUR.

Souverain de l'humide empire,
Vous, dont le vaste sein embrasse l'univers,
Neptune, recevez nos vœux & nos concerts.

CHOEUR.

Souverain de l'humide empire,
Vous, dont le vaste sein embrasse l'univers,
Neptune, recevez nos vœux & nos concerts.

LE SACRIFICATEUR.

Ne permetez qu'à l'aimable Zephire
D'agiter les plaines des Mers.

CHOEUR.

Ne permetez qu'à l'aimable Zephire
D'agiter les plaines des Mers.

LE SACRIFICATEUR.

De vos ondes
Profondes
Ne souffrez plus les abismes ouverts.

CHOEUR.

De vos ondes
Profondes
Ne souffrez plus les abismes ouverts.

LE SACRIFICATEUR.

Souverain de l'humide empire,
Vous, dont le vaste sein embrasse l'univers,
Neptune, recevez nos vœux & nos concerts;
Il faut sans cesse le redire,
Neptune, recevez nos vœux & nos concerts.

CHOEUR.

Souverain de l'humide empire,
Vous, dont le vaste sein embrasse l'univers,
Neptune, recevez nos vœux & nos concerts.

Tandis que le Sacrificateur consulte les entrailles des Victimes, les Suivants forment des Danses.

LE SACRIFICATEUR.

A Neptune nos chants paroissent agreables,
Ce Dieu daigne exaucer nos vœux;
Il enchaîne aujourd'huy les vents impetueux,
Et ne laisse regner que les vents favorables.

CHOEUR.

A Neptune nos chants paroissent agreables,
Ce Dieu daigne exaucer nos vœux;
Il enchaîne aujourd'huy les vents impetueux,
Et ne laisse regner que les vents favorables.

SCENE SIXIE'ME.

JUNON dans son Char. LE ROY, ADRASTE, LE SACRIFICATEUR, & tous les Suivants

JUNON.

Prince, vous m'offencez,
Vous sçavez que Junon garde au fils de Semele
Une haine immortelle:
Jalouse des honneurs qui luy sont adressez,
Je viens troubler ce Sacrifice,
A mon exemple, icy, je veux qu'on le haïsse.

SCENE SEPTIE'ME.

LE ROY, ADRASTE, LE SACRIFICATEUR, & les Suivants.

LE ROY.

O Ciel! ay-je bien entendu?
Au fils de Jupiter quand je veux rendre hommage,
Junon m'aprend que je l'outrage,
Par son courroux fatal mon zele est suspendu:
Souveraine des Cieux, j'espere
Par mes respects calmer vostre colere.

FIN DU PREMIER ACTE.

ACTE SECOND.

Le Theatre change, & repreſente un Port de Mer.

SCENE PREMIERE.

ARIANE, CORCINE.

ARIANE.

Quel plaiſir prenez-vous à prolonger ma peine?
Que ne me laiſſiez-vous mourir?
Sans vous, helas! ma mort eſtoit certaine;
Sans vous je ceſſois de ſouffrir:
Ah! cruelle pitié, bonté trop inhumaine,
Quel plaiſir prenez-vous à prolonger ma peine?
Que ne me laiſſiez-vous mourir?

CORCINE.

Dans le chagrin qui vous possede,
Fuyez ce remede fatal;
Il est vray que c'est un remede,
Mais il est mille fois plus cruel que le mal.

ARIANE.

Non, non, c'est une erreur extrême;
La mort de tous les maux n'est point le plus affreux.
Le tourment le plus rigoureux,
C'est de perdre ce que l'on aime.....

Mais le Vaisseau qui venoit en ces lieux
Ne se montre plus à mes yeux;
Et quelque bruit du Port icy se fait entendre?
Amour, Amour,
N'aurois-je point des graces à te rendre?
Thesée enfin seroit-il de retour?

SCENE SECONDE.

L'AMOUR sur un nuage, ARIANE, CORCINE.

L'AMOUR.

Belle Princesse,
Ne formez plus
Des souhaits superflus ;
Changez une indigne tendresse
En faveur de Bachus ;
Je ne l'ay point encor soûmis à mon empire,
La Gloire la charmé depuis qu'il voit le jour,
Je veux que du plus tendre amour
Son cœur pour vous soupire.

ARIANE.

Dans de nouveaux malheurs voulez-vous m'engager ?
Ah ! laissez-moy plûtost dans ma douleur mortelle ;
J'aime mieux toûjours m'affliger,
Que de brûler d'une flâme nouvelle.

L'AMOUR.

Je vais de vostre cœur, malgré vous, disposer ;
A mes ordres en vain vous vous montrez rebelle,
Vous ne pourrez vous refuser
Aux soupirs d'un amant fidelle.

L'Amour s'envole.

ARIANE.

Non, plûtost que de suivre une loy si cruelle,
A la mort mille fois j'aime mieux m'exposer.

SCENE TROISIE'ME.

ADRASTE, ARIANE, CORCINE.

ADRASTE.

Lorsqu'un ingrat vous abandonne;
Quand je viens vous offrir mon cœur & ma Couronne,
D'un regard seulement
Ne pouvez-vous flatter mon amoureux tourment?

ARIANE.

Depuis qu'un Amant parjure
Pour mon malheur sceut me charmer,
Je haïs toute la Nature,
Comment pourrais-je vous aimer?

ADRASTE.

Vous me fuyez, cruelle!
Mais en vain de ces lieux vous détournez vos pas,
Malgré vostre haine éternelle,
Je suivray par tout vos appas.

ARIANE.

Moy, je seray par tout où vous ne serez pas.

SCENE QUATRIE'ME.

ADRASTE seul.

INhumaine,
Arrestez,
Et jugez de ma peine
Par celle que vous ressentez.

CHOEUR de Peuples qu'on ne voit point.

Assemblons-nous dans ces paisibles lieux,
Allons tous rendre hommage
Au plus charmant des Dieux.

ADRASTE.

De quel nom glorieux
Retentit le rivage?
Non, je n'en doute plus,
Tous ces chants d'allegresse
Nous annoncent Bachus:
Lorsque tout retentit du bruit de ses vertus,
Tout me reproche ma foiblesse.

SCENE CINQUIE'ME.

BACHUS, LE ROY, LYCAS à la teste d'une Troupe composée de Sylvains, Pans, Egipans, Satires, Bachantes, & de plusieurs Princes enchaînez.

LE ROY.

Accourez Habitans de ces paisibles lieux,
Venez tous rendre hommage
Au plus charmant des Dieux;
Des Peuples de l'Aurore il est victorieux,
Il a par mille Exploits signalé son courage,
Jamais rien de si grand ne s'offrit à nos yeux:
Accourez Habitans de ces paisibles lieux,
Venez tous rendre hommage
Au plus charmant des Dieux.

BACHUS.

L'Oracle veut qu'icy je perde l'avantage
Que mon bras s'est acquis par cent travaux divers;
Et que chargé de fers,
J'éprouve la rigueur d'un fâcheux esclavage.

LE ROY.

Il est des beautez dans ces lieux;
Peut-estre sont ce de beaux yeux
Qui doivent vous donner des chaînes.

BACHUS.

J'ay toûjours évité les amoureuses peines,
Je veux les éviter toûjours.

LE ROY.

Ce sont des esperances vaines:
On se rend tôt ou tard aux charmes des amours.

BACHUS.

Non, c'est pour des exploits d'éternelle memoire
Que mon cœur peut former des vœux;
Il est beau de se voir suivy de la victoire,
Enfin ce n'est que de la Gloire
Que Bachus peut estre amoureux.

SCENE SIXIE'ME.

BACHUS, LE ROY, ARIANE, CORCINE, LYCAS, & tous les Suivants de la Scene precedente.

BACHUS apperceevant Ariane, à Lycas à part.

QUelle beauté de mille attraits pourveuë
Vient s'offrir à ma veuë?
Ah! Lycas,
Quelle autre que Venus peut avoir tant d'appas?

LE ROY.

Belle Ariane à qui tout rend les armes
Venez prendre part à nos Jeux,
Venez en redoubler les charmes.

ARIANE.

A vos concerts je viens joindre mes vœux.

BACHUS à Lycas à part.

Ariane regarde avec surprise Bachus, pendant qu'il parle à Lycas.

T'avouray-je, Lycas, le trouble qui m'agite?
Je sens naistre, en mon cœur, un tendre mouvement;
En vain ma gloire s'en irrite,
Il croit de moment en moment:

Sur ma fierté l'amour emporte l'avantage.

CHOEUR.

Ah! que pour nous ce jour est un jour glorieux!
Rendons tous hommage
Au plus charmant des Dieux.

Les Suivants du Roy forment des Danses.

UN SUIVANT DU ROY.

C'est vainement
Qu'on fait serment
D'estre insensible;
L'amour à qui tout est possible
En dispose autrement.

Les Suivants de Bachus forment des Danses.

DEUX MATELOTS.

Aprés un grand orage,
Est-il un plus doux avantage
Que de se trouver dans le Port?
On peut échapper au n'aufrage,
Et voir changer son triste sort;
Mais de l'amoureux esclavage
Un cœur fait pour sortir un inutile effort.
Aprés un grand orage,
Est-il un plus doux avantage
Que de se trouver dans le Port?

CHOEUR.

Aprés un grand orage,
Est-il un plus doux avantage
Que de se trouver dans le Port?

Tous les Acteurs se retirent. Bachus arreste Ariane qui vouloit aussi se retirer.

BACHUS.

Trop aymable Princesse,
Loin de ces lieux ne portez point vos pas;
Un instant de mon sort vous a fait la maistresse,
Et je ne pourray vivre où vous ne serez pas.

ARIANE.

A ma fatale destinée
Pourriez-vous attacher vostre sort glorieux?
Vous voyez une infortunée
Qui joüit à regret de la clarté des Cieux.

BACHUS.

Vous, Princesse adorable,
Vous seriez malheureuse avecque tant d'appas,
Quelque mortelle dans ces Climats,
Causeroit-il l'ennuy qui vous accable;
Parlez, bien-tost par son Trépas,
Vous verrez si Bachus sçait punir un coupable.

ARIANE.

Ah! Seigneur, moderez ce transport genereux,
A de plus nobles soins vostre nom vous engage,
Bachus ne doit employer son courage
Qu'à des exploits fameux.

BACHUS.

Ce que la gloire m'a fait faire
A moins flatté mon cœur ambitieux,
Que ne feroit le bonheur de vous plaire,
Et que ne pourroit faire un regard de vos yeux.

ARIANE à part.

Ah! Corcine, fuyons, je ne puis davantage
Soutenir les combats qui déchirent mon cœur.

Ariane sort.

BACHUS.

Elle fuit, arrestez, ô Ciel! pour mon ardeur
Que sa retraite, est un triste presage.

LYCAS.

Que vous connoissez peu l'amour?
Ariane vous fuit, Ariane vous aime.

BACHUS.

Lycas il faut que dés ce jour
Je fixe le destin de mon amour extrême.

Bachus court aprés Ariane.

SCENE SEPTIEME.

LYCAS.

A La beauté
L'on trouve mille charmes,
Le plus fier en est enchanté:
Elle a beau causer des alarmes,
Jamais un cœur n'a resisté;
Tout rend les armes
A la beauté.

FIN DU SECOND ACTE.

ACTE III.

Le Theatre change, & represente des berçeaux de treillage avec des Portiques, des Statuës, & des Fontaines.

SCENE PREMIERE.

ADRASTE.

ACHUS aime Ariane, & s'empresse
à luy plaire.
Je le crains, il va luy venter
Que Jupiter est son pere;
L'orgueilleuse va l'écouter;
Et moy seul je seray l'objet de sa colere:
Dircée avoit receu ma foy,
Nous suivions le penchant d'une ardeur mutuelle,
J'ay trahy son amour fidelle,
Voilà le prix que j'en reçoy.

Exercez sur Bachus un courroux implacable,
Junon, ne souffrez pas qu'il triomphe aujourd'uy;
Nous n'avons point, Deesse favorable,
Vous, d'ennemy plus grand que luy,
Moy, de Rival plus redoutable.

SCENE SECONDE.

JUNON sous les traits de Dricée.

ESperez un destin plus doux,
Junon se declare pour vous,
Adraste c'est Junon que vous voyez paroistre
Sous les traits de Dircée elle s'offre à vos yeux
Pour servir vostre amour j'ay descendu des Cieux.
Banissez une crainte vaine,
Bachus va ressentir ma haine;
Dans son cœur amoureux
Je vais porter l'inquietude,
Je ne le puis punir d'une peine plus rude,
Qu'en rendant Ariane insensible à ses feux.

JUNON & ADRASTE.

Quand l'amour est extrême,
C'est un cruel tourment
De ne pouvoir esperer en aimant,
Que des rigueurs de ce qu'on aime.

JUNON sous les traits de Dircée.

Adraste, fiez-vous à mon ressentiment.
Vous, Iris, dans l'Isle prochaine
Portez Dircée en ce moment;
Dans ce que j'entreprens sa presence me gêne.
Partez obeïssez à mon Commendement.

SCENE TROISIEME.

JUNON sous les traits de Dircée.

QUel plaisir pour Iunon d'exercer sa vangeance?
Ie veux faire sentir à Bachus mon courroux:
Ah! qu'il me sera doux
De pouvoir à ses feux ôter tout esperance!

Mais, Ariane entre en ces lieux!
Rendons luy Bachus odieux.

Vous, dont la douce violence
Sçait asservir tous les humains,
I'ay besoin de vostre assistance,
Dieu du someil, secondez mes desseins!

SCENE QUATRIE'ME.

JUNON sous les traits de Dircée, ARIANE.

JUNON feignant de ne pas voir Ariane.

Bachus me jure envain une ardeur éternelle;
Ses soins ne peuvent m'enflâmer,
Adraste à te haïr j'ay voulu m'animer;
Si malgré ta flâme nouvelle,
Je ne puis cesser de t'aimer
Ingrat; juge combien je t'aimerois fidelle.

ARIANE.

Qu'entens-je?

JUNON sous les traits de Dircée.

Que le plaisir seroit doux
De regagner son cœur volage:
De l'amour, de Bachus vantons lui l'avantage,
Heureuse si l'ingrat en devenoit jaloux!

SCENE CINQUIEME.

ARIANE seule.

Croiray-je, juste Ciel, ce que je viens d'entendre!
Bachus qui me juroit de m'aimer constamment,
Vient de faire à Dircée un semblable serment;
Est-ce-là le bonheur que j'en devois attendre?
Une seconde fois pretens-tu m'abuser,
Amour, avec Bachus es-tu d'intelligence?
Ou donne-lui plus de constance,
Ou de mon foible cœur laisse-moy disposer.

Hélas! ce n'est point la tendresse,
Qui nous fait d'heureux jours,
Le fruit des plus tendres amours,
N'est tres souvent qu'une affreuse tristesse;
Et c'est sans raison qu'on s'empresse
De risquer un repos qu'on regrette toujours.
Hélas! ce n'est point la tendresse
Qui nous fait d'heureux jours.

De ces tranquiles lieux rien ne trouble la paix,
Les oyseaux gardent le silence,
Les vents ne souflent plus que pour donner du frais

Et les ruisseaux coulent sans violence.

Flore de toutes pars étale ses attraits ;
Et les Zephirs, d'une amoureuse haleine,
Portent l'odeur de la brillante plaine,
Aux boccages les plus épais.

Dans cette aimable solitude
Un doux sommeil surprend mes sens,
Je céde à ses charmes puissants,
Lui seul peut de mon cœur calmer l'inquietude.

Ariane s'endort.

SCENE SIXIE'ME.

PHOBETOR, ET PHANTASE paroissent suivis de Songes sous la forme d'Amours, dont l'un d'eux paroist estre Bachus & l'autre Dircée.

PHOBETOR.

ELoignez-vous de ce charmant sejour,
Amans qui ne pouvez observer le silence,
Morphée icy tient sa paisible cour,

Et les mortels qui sont sous sa puissance
Dans un profond repos seroient en assûrance,
S'ils ne ressentoient pas les peines de l'amour.

Les Songes forment des danses.

CHOEUR.

Joüissez d'une paix profonde,
Et dans ces lieux charmants,
Heureux amants,
Oubliez le reste du monde.

DEUX SONGES sous la forme de Bachus & Dircée.

Mon cœur ne desire plus rien,
En ce moment mon bonheur est extréme,
Hélas! est-il un plus grand bien,
Que d'estre aimé de ce qu'on aime?

UN SONGE.

Dans ce boccage
Tout favorise nos desirs,
Les amoureux Zephirs,
Font un charmant usage
Des tendres soupirs,
Et les oyseaux, dans leur ramage,

Ne

Ne chantent que l'amour & ses plus doux plaisirs.
Dans ce boccage
Tout favorise nos desirs.

CHOEUR.

Joüissez d'une paix profonde ;
Et dans ces lieux charmants,
Heureux amants,
Oubliez le reste du monde.

LES DEUX SONGES sous la forme de Bachus & de Dircée.

Aimons-nous tendrement.
Sans crainte sans alarmes ;
C'est en aimant
Fidellement,
Que l'amour a des charmes.

LE SONGE sous la forme de Dircée.

Dans des plaisirs si doux,
Que mon ame est contente.

LE SONGE sous la forme de Bachus.

La gloire la plus éclatante
Ne vaut pas le bonheur de vivre prés de vous.

LES DEUX SONGES.

Quand l'amour nous enchante,
Publions à jamais la douceur de ses coups.

ARIANE sans s'éveiller.

Hélas...

PHANTASE.

Ariane soupire,
Poursuivez, le mépris éteindra son amour.

LE SONGE sous la forme de Dircée.

Je crains vers Ariane un trop tendre retour.

LE SONGE sous la forme de Bachus.

O Ciel! qu'osez vous dire?
Perdez un soupçon odieux;
Je jureray sans cesse,
J'attesteray les Dieux
Qu'aucun feu ne me blesse
Que celuy de vos yeux.
Qu'Ariane jamais...

Tout disparoît.

ARIANE.

N'acheve point perfide,
Souviens-toy des serments...
Mais rien icy ne s'offre à mon regard timide,
Un Songe decevant par ses enchantements...

SCENE SEPTIE'ME.

L'AMOUR, ARIANE.

L'AMOUR.

NOn, non, belle Ariane,
Non, non, ne croyez pas
Que l'Amour vous condamne
A n'aimer que des cœurs ingrats.
Bachus n'est point volage,
Toûjours charmé de vos apas
Il ne connoist rien icy bas
De si digne de son hommage.
C'est la fiere Iunon,
Dont l'implacable rage,
Sous les traits de Dircée, a mis tout en usage
Pour vous donner un injuste soupçon;
Mais je seray pour vous, que rien ne vous étonne,
Recevez de Bachus tous les vœux empressez,
L'amour ordonne,
Obéissez.

SCENE HUITIEME.

ARIANE seule.

Dois-je m'abandonner à cette ardeur nouvelle?
Contre mes sentiments dois-je me révolter?
Non, Bachus est toûjours fidelle,
L'Amour me défend d'en douter.

Rigoureuse raison cedez à la tendresse,
Cedez, fierté, cedez quand l'amour vous en presse
Envain contre ce Dieu mon cœur a combattu,
Ie n'ay que trop connu
Sa force & ma foiblesse;
Il triomphe, & mon cœur enfin se sent vaincu.
Cedez, fierté, cedez quand l'amour vous en presse,
Rigoureuse raison, cedez à la tendresse.

Fin du troisiéme Acte.

ACTE IV.

Le Theatre change, & represente le Palais d'OEnarus.

SCENE PREMIERE.

BACHUS, ARIANE, CORCINE, LYCAS.

BACHUS.

OUY, je vais m'arracher de ce fatal sejour,
Je ne m'offriray plus à vos yeux, inhumaine,
Je veux vous épargner la peine
De rebuter mes soins & mon amour;
Mais en vain je fuiray, cruelle,
Malgré vostre injuste rigueur,
Une flâme si belle
Regnera toûjours dans mon cœur.

ARIANE.

Si vostre cœur estoit sensible,
Pourriez-vous nous abandonner?

BACHUS.

Si je fais cet effort terrible,
L'Amour me le doit pardonner.
Cessez, cessez d'estre inflexible,
Je cesseray de vouloir m'éloigner.

ARIANE.

Helas!

BACHUS.

Vous soûpirez, trop charmante Princesse,
Sentirez-vous dans ce moment
Quelque pitié pour un Amant
Qui veut vous adorer sans cesse?

O Ciel! les pleurs que vous versez
M'annoncent-ils un sort que je n'osois attendre?
Est-ce Bachus qui vous les fait répandre,
Où sont-ce vos malheurs passez?

ARIANE.

Il n'est que trop aisé d'expliquer ce silence;
La mortelle frayeur de vostre éloignement
Vous a fait voir en ce moment
Si mon cœur n'a pour vous que de l'indifference.

BACHUS.

Trop fortuné Bachus
Conçois-tu ce bonheur suprême?

ARIANE.

Pour cacher son amour les soins sont superflus,
On ne peut s'empêcher de montrer que l'on aime

BACHUS.

Ne vous contraignez-plus,
Ecoûtez mon amour extrême.

BACHUS & ARIANE.

Que nos cœurs amoureux,
Dans l'ardeur qui les presse,
Se témoignent sans cesse
Le bonheur de leurs feux.
Que nos ames
De l'amour épuisent les traits;
Que de si belles flâmes
Ne finissent jamais.

Adraste paroist sans estre veu.

Ils sortent.

ADRASTE ayant entendu.

Tant qu'un reste de sang coulera dans mes veines,
N'esperez pas goûter un tranquile repos;
Vos plaisirs augmentent mes peines,
Mais vous partagerez la rigueur de mes maux.

SCENE SECONDE.

ADRASTE, GERALDE.

ADRASTE.

C'En eſt fait, la fureur s'empare de mon ame;
La haine ſuccéde à l'amour;
Et mon bras en ce meſme jour,
Va porter en ces lieux & le fer & la flâme.
Un amant rebuté
Ne peut ſe conſoler, qu'en faiſant de la peine;
Et les maux qu'inſpire la haine
Des cœurs jaloux ſont la felicité.

GERALDE.

Abandonnez ces lieux, quittez une iuhumaine. . .

ADRASTE.

Haſtez-vous
D'aſſûrer ma vengence,
Secondez mes tranſports jaloux,
Répondez, s'il ſe peut, à mon impatience,
Ce ſera pour mon cœur un ſpectacle bien doux,
Que de voir l'Enfer en courroux
Punir un rival qui m'offence;
Haſtez-vous
D'aſſûrer ma vengence.

GERALDE.

GERALDE.

Peut-estre qu'aujourd'huy, pour la premiere fois,
L'enfer refusera de répondre à ma voix.

ADRASTE.

Vous qui, par le secours d'un art incomparable,
Vous estes fait des routes dans les airs,
Vous qui vous transportez au bout de l'univers,
Quel sujet aujourd'huy pourroit estre capable
De revolter contre vous les enfers?

GERALDE.

Bachus, ce Dieu par sa puissance
Peut vaincre les esprits du tenebreux sejour.

ADRASTE.

De Bachus on sçait la naissance,
Et les crimes fameux qui le mirent au jour.
Dans Naxe le fils de Semele
Ne doit point aspirer à la Divinité,
Nous sçavons découvrir l'obscure verité
Au travers de la nuit du mensonge infidelle.

Hastez-vous
D'assûrer ma vengence,
Secondez mes transports jaloux,
Répondez s'il se peut à mon impatience,
Ce sera pour mon cœur un spectacle bien doux,
Que de voir l'enfer en courroux.

Haſtez-vous
D'aßûrer ma vengence.

GERALDE.

Retirez vous pour quelque temps,
Les charmes veulent du miſtere,
Laiſſez-moy tout entier à mes enchantements.

SCENE TROISIE'ME.

GERALDE ſeul.

VOus qui fuſtes toujours empreſſez à me plaire,
Demons, reconnoiſſez ma voix.
De vous, cruels eſprits, ma colere a fait choix.
Amenez la rage, l'envie,
La diſcorde, la jalouſie;
Que tout l'enfer obéïſſe à mes loix.

SCENE QUATRIE'ME.

GERALDE. Chœur de Demons.

CHOEUR.

Nous volons aussi-tost que ta voix nous appelle,
Nous t'allons marquer nostre zele,
Commande, que veux-tu de nous?

GERALDE.

Que cette impatience
Flatte mon esperance!
Que j'aime vostre courroux!

CHOEUR.

Tu peux conter sur nostre obéissance.

GERALDE.

Des plus jaloux soupçons empruntez le secours,
D'Ariane aujourd'huy traversez les amours.

CHOEUR.

Tu peux conter sur nôtre obéissance.

Les Demons forment des Danses.

GERALDE.

Contre Bachus je forme icy des vœux,
Soufrirez-vous qu'il soit heureux?
Vous restez interdits, & gardez le silence,
Est-ce-là cette obeïssance?
Contre Bachus...

CHOEUR.

Non, ne te flatte pas,
Le fils de Iupiter ne craint rien icy bas,
De l'Enfer en courroux il brave la puissance.

GERALDE.

Evoquons de nouveau
Ce que l'enfer a de plus redoutable;
Que l'affreuse Alecton alume son flambeau,
Et que d'une flâme effroyable
D'Ariane en ce jour elle embraze le cœur;
Enfin qu'une jalouse ardeur
Rende son destin deplorable.

SCENE CINQUIE'ME.

GERALDE, troupe de Demons, ALECTON.

ALECTON sortant des Enfers.

TEs desirs seront satisfaits;
Dans le cœur d'Ariane, au gré de ton envie,
Ie vais porter la jalousie:
Ie veux que sa fureur la tourmente à jamais.

SCENE SIXIE'ME.

GERALDE, troupe de Demons.

CHOEUR.

LEs suplices
De l'univers
Font les delices
Des Enfers.
Dans nostre empire,
On ne respire
Que tourments divers.

GERALDE.

Rentrez dans vos demeures sombres,
Retournez tourmenter les criminelles ombres;
Ariane en fureur va gemir dans nos fers.

Fin du quatriéme Acte.

ACTE V.

Le Theatre change, & repreſente un grand Salon qui paroiſt avoir eſté decoré pour quelque grand Spectacle.

SCENE PREMIERE.

DIRCE'E ſeule.

Unon, dans un lieu ſolitaire,
Ne m'a point fait tranſporter ſans miſtere ;
Mais nous ne devons pas dans les deſſeins des Dieux,
Porter nos regards curieux. .

Je viens chercher Adraſte, & ma recherche eſt vaine;
L'Ingrat inſenſible à ma peine
Fuit les tendres transports de mon cœur amoureux:
Grands Dieux! ne pouvez-vous m'inſpirer de la haine
Pour un amant qui mépriſe mes feux?
Helas! s'il faut céder à l'ardeur qui m'entraîne,
Mon cœur ſera toûjour ſenſible & malheureux.

SCENE SECONDE.

DIRCE'E, ELISE.

ELISE.

Princesse, d'Ariane évitez la presence ;
La rage & la fureur éclatent dans ses yeux ;
Elle me suit, fuyez ses transports furieux.

DIRCE'E.

Pourquoy craindre sa violence ?

ELISE.

Elle croit que c'est vous qui charmez son amant,
On ne pardonne guere une pareille offence.

DIRCE'E.

Laissez-moy du moins un moment
Joüir de son tourment.

ELISE.

Ne songez point à la vengence,
Dérobez-vous plûtost à son ressentiment.

SCENE TROISIE'ME.

ARIANE, ALECTON suit Ariane, & en passant secouë sur elle son Flambeau.

ARIANE.

OU sont-ils ces Amans dont je suis outragée?
Quel azile les peut derober à mes coups?
De leur secrete ardeur je veux estre vangée,
Il faut que dans leur sang j'éteigne mon courroux:
Mais tout favorise leur crime;
Grands Dieux seroit-ce vous
Qui me cacheriez ma victime?
Sans craindre mes transports jaloux,
Peut-estre en ce moment leur tendresse s'exprime;
Peut-estre que Bachus... O sort trop rigoureux!
Bachus paroist. *Mais je le vois; le Ciel daigne exaucer mes vœux*
En le livrant à ma colere.

Perfide, ton trépas
Peut seul me satisfaire,
Frapons... Helas?
Je luy presente un immobile bras,
Ma fureur devient inutile;
En vain, pour le percer, mon bras s'estoit armé:
Ciel! qu'il est difficile
De punir un Amant aimé?

BACHUS.

BACHUS.

Adorable Princesse,
Que pourriez-vous me reprocher?
Jamais mon cœur. . . .

ARIANE.

Qu'elle foiblesse!
Ma honte ne se peut cacher;
Malgré sa perfidie,
Je ne puis luy ravir le jour:
Mais je pourray du moins punir mon lasche amour,
En m'arrachant la vie.

Elle se veut tuer.

BACHUS luy ostant le Poignard.

Ciel! quelle cruauté!
De ces affreux transports peut-on estre capable?

SCENE QUATRIE'ME.

BACHUS, ARIANE, GERALDE, ADRASTE. Troupe de Suivans de Bachus. Troupe de Suivans d'Adraste.

ADRASTE croyant que Bachus veut frapper Ariane.

Arrestez, barbare, arrestez;
Cruel, respectez
Geralde enleve Ariane. *Un objet adorable:*
A ses amis. *Mes amis combattez,*
Punissez un coupable.

BACHUS & ADRASTE.

Cruel, respectez
Un objet adorable.

Ils combattent.

CHOEUR.

Punissons un coupable.

Dans le temps que Bachus poursuit Adraste jusques derriere le Theatre, leurs Suivants combattent les uns contre les autres.

SCENE CINQUIE'ME.

BACHUS, ARIANE, CORCINE.

ARIANE.

Perfide, oste-toy de mes yeux,
Je n'oubliray jamais ta temeraire audace.

BACHUS.

Hé! Princesse, de grace!

ARIANE.

Retire-toy monstre odieux,
Je ressens une peine extrême
De te voir encore en ces lieux;
Perfide, oste-toy de mes yeux.

CORCINE.

C'est à ce Heros qui vous aime
Que vous devez la liberté.
Adraste est mort, Bachus luy-mesme
A puni sa temerité.

ARIANE.

Avec un infidelle
Puis-je estre en seureté?

BACHUS & CORCINE.

Ah! que son erreur est cruelle!
D'une fureur mortelle
Son cœur est toûjours agité

ARIANE.

Avec un infidelle
Puis-je estre en seureté?

SCENE SIXIE'ME. ET DERNIERE.

JUPITER, JUNON, BACHUS, ARIANE, LE ROY, CORCINE, LYCAS.

Le tonnerre se fait entendre, l'air paroist tout en feu, le Ciel s'ouvre, Mercure descend.

JUPITER.

Pour éterniser la memoire,
D'Ariane & de vostre amour,
Je veux, mon fils, qu'au celeste sejour
Sa Couronne à jamais fasse éclater sa gloire:
Par elle l'Univers instruit de ses vertus,
Parlera d'Ariane autant que de Bachus.

JUNON.

Ne craignez plus que je vous sois contraire,
Lorsque tous les Dieux sont pour vous.
Par la crainte de me déplaire
Vous avez fléchi mon courroux.

MERCURE.

Une Reine immortelle
A vostre cœur troublé veut redonner la paix;
Qu'il reprene à l'instant sa douceur naturelle,
Que Bachus y regne à jamais.

Mercure touche Ariane de son Caducée.

ARIANE recouvrant la raiſon.

Quel ſecours favorable !
Quel heureux changement !

BACHUS.

Non, rien n'eſt comparable
Au plaiſir que m'inſpire un bonheur ſi charmant.

BACHUS ET ARIANE.

Amour, cher auteur de ma peine,
Exprime en ce moment mes tranſports amoureux,
Recompenſe de ſi beaux feux
En uniſſant nos cœurs d'une éternelle chaîne.

LE ROY.

Tendres amans, tout ſuccede à vos vœux ;
Aprés de mortelles allarmes,
Un hymen plein de charmes
Va vous rendre à jamais heureux.

CHOEUR.

Tendres amans, tout ſuccede à vos vœux ;
Aprés de mortelles allarmes,
Un hymen plein de charmes
Va vous rendre à jamais heureux.

Les ſuivans de Bachus & les ſuivans du Roy forment des Danſes, deux Amours qui tenoient la Couronne d'Ariane, la portent au Ciel, où elle eſt changée en une Couronne d'étoilles.

LYCAS, CORCINE, UNE NAXIENE.

Abandonnons nos ames
Aux charmes des amours;
Sans leurs aimables flames,
On n'a point d'heureux jours

CORCINE.

Pourquoy se deffendre?.
Tout aime à son tour:
Que sert-il d'attendre?
La jeunesse est un bien qui se perd sans retour:
Heureux, heureux le cœur qui la donne à l'amour!

LYCAS, CORCINE, LA NAXIENE.

Abandonnons nos ames
Aux charmes des amours;
Sans leurs aimables flames
On n'a point d'heureux jours.

LA NAXIENE.

Non, non, ce n'est pas estre sage
De differer un tendre engagement;
L'Amour n'est jamais plus charmant
Qu'au printemps de nostre age.

LYCAS, CORCINE, LA NAXIENE.

Abandonnons nos ames
Aux charmes des amours;
Sans leurs aimables flames
On n'a point d'heureux jours.

CHOEUR.

Tendres amans, tout ſuccede à vos vœux ;
Aprés de mortelles allarmes,
Un hymen plein de charmes
Va vous rendre à jamais heureux.

FIN DU CINQUIE'ME ET DERNIER ACTE.

www.ingramcontent.com/pod-product-compliance
Ingram Content Group UK Ltd.
Pitfield, Milton Keynes, MK11 3LW, UK
UKHW020411180726
13839UKWH00003B/1300